Naiem Ahmadinejadfarsangi

Soldats amoureux d'Ali

Naiem Ahmadinejadfarsangi

Soldats amoureux d'Ali

Éditions Muse

Imprint

Cover image: www.ingimage.com

Publisher:
Éditions Muse
is a trademark of
Dodo Books Indian Ocean Ltd., member of the OmniScriptum S.R.L Publishing group
str. A.Russo 15, of. 61, Chisinau-2068, Republic of Moldova Europe
Printed at: see last page
ISBN: 978-620-3-86660-5

Soldats amoureux d'Ali

Naiem ahmadinejadfarsangi

Table des Matières

Martyr Mohammad Atabeh

Salutations à la sainte présence de Hazrat Vali-e-Asr Arvahana Fada et de son noble et cher adjoint, le soleil radieux d'espoir pour les démunis, notre père orphelin, donneur de vie à cet imam sans vie Khamenei, et salutations aux martyrs et à leurs précieuses familles et aux puissants guerriers.Islam. Le martyre dans le dictionnaire de l'Islam frappe et portera les coups les plus efficaces contre le corps de l'oppression, du polythéisme et de l'athéisme, et l'histoire de l'Islam l'a prouvé.La cage pour entrer, la guerre en Syrie, "notre guerre" est une guerre contre l'infidélité, et notre nation doit se préparer à tout sacrifice, et dans un domaine aussi vaste et ce noble but humain et divin, donner la vie et le sacrifice est une affaire très simple et triviale. Et que Dieu nous accorde le succès du martyre transcendant à la manière de l'Islam et avec sincérité d'intention. Je salue le service de mes chers parents et demande pardon à ces nobles, et vous, très chers, aviez un grand droit sur mon cou et vous devriez me pardonner de ne pas être un bon enfant pour vous et compenser tout cet amour, mais que puis-je faire pour obtenir la même confiance ? J'étais entre vos mains et je promets, si Dieu le veut, si je deviens un martyr et que Dieu a fait de cet ignoble l'un des martyrs, j'intercéderai sûrement pour vous, et mon imparfait et la langue incapable n'est pas en mesure de vous remercier, les grands. J'espère que Dieu Tout-Puissant vous accordera patience et récompense. Que le souvenir de ma chère grand-mère soit chéri. Un mot à ma chère épouse et enfant bien-aimé Amir Hossein : Ma chère et dévouée épouse, rendez-moi légitime et sachez que bon nombre des succès spirituels et mondains qui m'ont été accordés étaient tous dus à votre grâce, votre prière, votre patience et votre persévérance. Comme il a été dit, un homme monte sur le trône en jupe de femme, indiquant votre apparence, vos actions et votre comportement. Et je sais aussi que vous donnerez la meilleure éducation à mon enfant et je vous demande de vous occuper de tous mes comptes et livres dont vous avez pleinement connaissance. .

Ma chère et dévouée épouse, je vous ai dit à plusieurs reprises qu'à tous les moments de ma vie, en particulier la promenade Arbaeen et le sanctuaire de mon seigneur Aba Abdullah Al-Hussein (AS) et Hazrat Abbas (AS), j'ai prié pour vous que, si Dieu le veut, les meilleures bénédictions du monde et d'un autre monde seront accordées. Un voyage plein d'amour et de connaissance près du sanctuaire plein de miséricorde et de connaissance de Hazrat Zainab (PSL) et Hazrat Roghayeh (PBUH) Et la mère de tous les mois est que , si Dieu le veut, je les visiterai au moment de ma mort, sois leur compagnon et ils intercéderont pour toi au Jour du Jugement. Si Dieu le veut Mon fils et mon cher Amir Hossein Janam, mon père : Je t'aime très fort, je n'oublierai jamais la beauté de ton regard et de tes yeux. Mon fils Baba est parti pour que Hazrat Zainab (PSL) ne soit pas laissé seul. Mme Zainab (PBUH) a été laissée seule à Karbala et nous n'étions pas à Karbala, mais maintenant quoi, maintenant un autre Karbala a commencé. Pas de bagages… J'espère que ce chemin sera un fardeau pour moi en ce jour de regret et de honte… Mon fils, Amir Hussein Baba, aime ta mère autant que tu peux et fais attention à elle, et apprends de ses paroles, comportements et actions, et comporte-toi comme Dieu aime et accepte, et sois un tuteur, car une personne sans tutelle est vide et sans bagage. . Faites attention à vos prières et à vos devoirs, et sachez que Dieu est toujours et partout présent et veille sur vos actions.Priez pour moi et sachez que je prie aussi pour vous. Un mot à mes chers frères et sœurs : Je remercie Dieu d'avoir été ton frère. Pardonnez-moi, mes chers frères et sœurs, de ne pouvoir être un bon frère pour vous. Que vos enfants, qui sont les fruits de votre existence, causent tous votre bonheur et votre dignité, et que Dieu soit leur aide et leur aide à tous les moments de la vie, et qu'ils sachent que le bonheur dans ce monde et dans l'au-delà accomplit ses devoirs et s'abstenir de choses interdites.

que Muhammad (PSL) est votre serviteur et expéditeur et la meilleure des créatures. Salutations à l'âme pure de l'Imam Khomeini et salutations au Guide suprême et salutations aux précieux martyrs de l'Islam depuis le début de l'Islam jusqu'à maintenant. O Dieu, je te remercie d'avoir pu respirer à une époque parfumée du parfum d'un imam qui a été la source de toute bonté, et je mérite le leadership militaire d'un leader qui est un vrai adepte de l'islam et ses idéaux. Merci d'avoir été fier de porter une robe dont la verdure est ornée du sang des martyrs qui étaient les vrais soldats de l'Imam al-Zaman (psl) et étaient fiers à l'époque du Grand Jihad. J'espère que tous les musulmans se réveilleront et ne seront pas trompés par les ennemis en obéissant aux dirigeants de la révolution islamique d'Iran, et ne manqueront pas de respect à la vie et à l'honneur des autres, et défendront tous la sainteté islamique. Je vous remercie de m'avoir donné le destin de participer au jihad contre les Takfiris afin que je puisse faire un pas dans la défense de l'Islam et du sanctuaire de Hazrat Zainab. Je sais qu'il est de mon devoir d'aider chaque musulman opprimé que j'entends partout dans le monde. Mon testament à mes chers frères, commandants et collègues est que je jure par Dieu que vous ne manquerez pas de connaître votre devoir et ne vieillirez pas en le faisant, et n'hésiterez pas dans l'abnégation et le pardon, et ne sacrifierez pas le juste par souci d'opportunité. . Et de ma langue, dis aux frères, à vous que chaque instant de votre vie est enregistré dans le récit de vos actions, et je vous jure que vous abandonnerez certaines de vos pensées et ne vous connaîtrez pas trop, et Traitez bien vos frères et faites ce que Dieu veut. Soyez satisfait et personne d'autre .... En fin de compte, je vous demande, chers collègues, de pardonner à mon serviteur et mes erreurs et de me rendre licite, pour l'amour de Dieu, rendez-moi licite, car

Dieu est le Miséricordieux, le Compatissant. Dieu, tu es celui qui reçoit plus que Muharram. O Dieu, conduis-moi à ce que je mérite, pas à ce que je désire, bien que je souhaite atteindre le martyre et la proximité de Dieu, si Dieu le veut, je le mérite aussi. Dieu, accepte-moi pendant que je suis purifié et que l'esclavage de mon être cherche à t'atteindre. Mon testament à mes parents : Ma volonté envers mes chers parents est de pardonner ma négligence et de me rendre licite, car je ne pourrais pas accomplir correctement les devoirs d'un enfant, et ne soyez pas contrarié quand j'apprends mon martyre, car je crois que votre patience est grande et vous tu es mon frère martyr.

Tu as été patient et ne comptais sur personne d'autre que Dieu Tout-Puissant, et tu étais toujours satisfait du plaisir de Dieu, et sache ceci, comme Amir m'a dit de ne pas déposer les armes, sache que j'ai agi sur la foi de mon frère volonté, et je me suis porté volontaire pour cette mission. Que Dieu accepte l'humble serviteur et soit assuré que Dieu vous récompensera pour votre patience dans l'au-delà, et je vous demande, mes frères et enfants, de ne pas déposer les armes et de garder les forteresses de l'Islam fortes et inébranlables. Mon testament à ma femme : Ma femme bien-aimée est un mot qui est beaucoup utilisé, par exemple, une mère qui aime ses enfants ou un ami qui l'utilise pour un autre ami, mais je ne considère pas ce mot comme un mot commun ; À mon avis, l'amour est un mot qui est un royaume utilisé entre deux personnes et est un signe de l'union de l'âme et de deux sentiments célestes qu'il n'y a jamais de distance entre les deux. Même la distance de leur corps ne peut pas créer une barrière entre les deux, mais ils deviennent un et non seulement leurs pensées mais aussi leurs cœurs deviennent un et se dissolvent l'un dans l'autre ; Ma chère épouse, pardonne-moi pour ma négligence et ma négligence, car je n'ai pas pu accomplir correctement mes devoirs d'épouse et j'ai manqué à mes devoirs par inadvertance. Je vous demande de me rendre légitime et d'élever nos enfants d'une manière qui soit utile pour l'Islam . Bien sûr, je crois que c'est le cas, et je vous remercie beaucoup de m'avoir enduré et de m'avoir accompagné dans tous les hauts et les bas de la vie, et j'ai une autre demande. Je vous demande de bien vouloir traiter mes parents, et si vous rencontrez d'abord un problème.Demandez de l'aide à Dieu Tout-Puissant et aux Imams, puis parlez à mes parents et à mes frères. Volonté à mes enfants : Nasim, Majid et Saeed Jan, Pardonnez la négligence de votre père Gardez à l'esprit et soyez comme une montagne l'un derrière l'autre et comptez sur vos grands-parents et vos oncles et demandez de l'aide en cas de problèmes et consultez-les. Je demande à la mère de la dame et aux frères et sœurs des dames de me rendre légitime. Je demande à mon frère Hussein de demander à ses collègues la légitimité au travail. Je demande à mes frères Muhammad, Hassan, Hussein, Ruhollah, Abdullah et à mes oncles, tantes, oncles et autres parents de me pardonner et de me rendre légitime pour l'amour de Dieu Tout-Puissant. Dieu, accorde-moi la grâce de dire ton beau nom dans les derniers instants de ma vie. Baralha, cache les actes qui me font honte devant les autres, et éloigne des yeux ce qui me fait honte. Pardonne-moi pour mon erreur, intentionnellement ou non, par ton pardon et ta miséricorde. Enterrez-moi dans ma ville natale à côté de la tombe commémorative de mon frère Amir, et j'espère qu'un signe reviendra de lui, bien qu'il aimerait être anonyme comme Hazrat Fatemeh Zahra, mais si Dieu le veut, les nouvelles reviendront pour réconforter mes parents. Dieu, je te confie ma femme et mes enfants. Les barals nous tuent pendant que nous sommes guidés.

Martyr Zakaria Shiri

Je ne sais pas si je suis parmi vous au moment de la lecture de cet écrit ou si j'ai atteint la béatitude du chemin du salut et du martyre qui a toujours été le désir de mon cœur. Il est à noter que j'ai choisi cette voie avec une santé et une sagesse parfaites. Le chemin dont j'en suis sûr est la continuation du chemin des martyrs de Karbala et des martyrs de ma terre dans les huit années de sainte défense. Défendre la sainteté des Ahl al-Bayt (AS) et agissant sur ordre du Saint Prophète (PSL) qui a dit : Je laisse deux précieuses fiducies parmi vous, à savoir Atrat et les Ahl al-Bayt (AS), dont est la confiance, face au groupe terroriste Daesh pour devenir un enfant.Et c'est le résultat des mauvaises intentions des diables de la Maison Blanche et des sionistes racistes. Chers parents, merci d'avoir passé votre vie honorable aux pieds d'un humble serviteur. Bien que je ne puisse pas apprécier vos efforts, j'espère que vous êtes satisfait de ma démarche dans cette direction. Et, chère épouse, je n'ai pas pu accomplir mon devoir de vivre ensemble comme tu le méritais, et le lourd fardeau d'élever mes enfants est sur toi, et je te demande d'élever Fatima une Fatimide et une Zeinab, et de rappeler à Zeinab Kobra dans le les difficultés et les problèmes Pour gagner la paix spirituelle. Et vous savez très bien que pour défendre le sanctuaire triennal de l'Imam Hussein (AS), je dois me laisser seul pendant trois ans. Soyez donc patient comme Zeinab Kobra. S'adressant à mes frères et sœurs et à tous les êtres chers et au peuple de mon pays, je vous exhorte à suivre la province et tant que vous serez derrière le chef suprême et chef sage, l'Imam Khamenei, aucun pouvoir avec aucun équipement ne pourra affronter vous. Parce que votre arme est l'unité et la foi, qui se réalisent dans l'ombre de la gouvernance. L'ennemi a ciblé la langue de votre foi et de votre croyance, alors ne les laissez pas créer un fossé entre vous et les Ahl al-Bayt (AS) et le Coran. Au final, je demande aux sœurs de mon pays, l'Iran islamique, d'être fidèles au sang des martyrs en gardant le hijab. Comme on le lit dans le testament des martyrs de la Sainte Défense : « Ma sœur, j'ai prêté mon sang rouge au noir de ton tchador. pardonne-moi.

Martyr Hojjatoleslam Mohammad Amin Karimian

Je suis "Mohammad Amin Karimian Bahnemiri" parce que j'ai l'intention d'aller en Syrie pour lutter contre les ennemis des Ahl al-Bayt (AS) et il y a une possibilité qu'il soit tué pour défendre la sainteté de Dieu, j'écris un quelques lignes en guise de testament. Tout d'abord, j'offre à tout le peuple honorable et martyr d'Iran ; Je suis fier de servir les frères Fatimides. Des personnes honorables qui ont sacrifié leur vie pour l'amour de Dieu et ont défendu le sanctuaire du bébé Zainab (PSL), et si cela ne dérangeait pas ma famille, je dirais à ma famille de m'enterrer dans la tombe des martyrs fatimides. Deuxièmement, j'offre mon service au peuple honorable d'Iran. Dans ce qui suit, je voudrais offrir à tous les frères que le Grand Ayatollah Seyyed Ali Khamenei (que Dieu le bénisse et lui accorde la paix) est le gardien de tous les musulmans du monde. Si quelqu'un veut savoir qu'il est un disciple et un disciple des martyrs, il doit être obéissant à ce grand Sayyid. Voir Hussein (AS) est tout mon être. Parlez à mes parents; J'aime vivre avec vous, mais vivre avec Hussein (AS) est tout mon désir, j'aime vous rencontrer, mais voir Hussein (AS) est tout mon être. Si je n'étais pas un bon enfant pour vous, pardonnez-moi pour le bien des martyrs, ne vous plaignez pas à Dieu dans mon deuil, car le désir de tous est le martyre dans la voie de Dieu et de Hussein Fatima (AS), et je n'avais rien pour Hussein Fatima (AS) sauf mon âme impossible. . Chers parents! La vie est devenue difficile pour moi quand j'ai vu qu'il ne restait que les noms des martyrs et que les idéaux des martyrs étaient presque morts. Le monde était plus dur pour moi que de mourir sans martyrs et de donner des coups de pied dans le sang des martyrs. Chers parents! Continuez à aider les familles des martyrs et ne manquez pas un instant et rendez leur cœur aussi heureux que possible, que si quelque chose dans ce monde vient à votre aide, c'est tout. Parlez à mon frère ; Vous vous sentirez certainement seul après moi, n'oubliez pas le souvenir de Dieu en toutes circonstances et ne souhaitez pas rejoindre plus tôt le souverain des martyrs. Ma volonté à vous; La première prière est de respecter nos parents et de suivre Velayat-e-Faqih. Après moi, c'est votre devoir d'aller à Karbala tous les quarante ans. Continuer mon plus petit objectif, qui était de combattre les idées occidentales et laïques dans la société. Une conversation avec ma sœur Fatemeh Zahra ; ma chère soeur! Je t'ai aimé tendrement dans toute ma vie. N'oubliez pas le bon chemin dans le chemin des martyrs. Votre tâche est de poursuivre mon plus petit objectif, qui était de lutter contre les idées occidentales et laïques dans la société, et n'hésitez pas à verser la dernière goutte de sang. Un mot avec ma sœur Zainab ; Je sais que vous ne comprenez pas mes paroles maintenant, mais pardonnez les fautes de notre famille dans le désert. Vous étiez et êtes la bénédiction de notre famille. Mon témoignage envers vous est le respect pour vos parents, le hijab et la première prière. Un mot avec ma sœur Fatemeh ; Mon témoignage envers vous est le respect pour vos parents, le hijab et la première prière. N'oublie pas le chemin de ton martyr. Kalami avec la famille de mon martyr Haj Ali Karimian ; C'était mon honneur dans le monde de vous rencontrer, nobles, et mon souhait était de servir tous les martyrs, en particulier vous. N'oublie pas le chemin de ton martyr et récite pour moi le pèlerinage d'Achoura qui fait tout le monde. Un dernier mot à la famille et à toutes les personnes qui écoutent ce testament. Je quitterai ce monde avec toute sa beauté et j'abandonnerai tous mes désirs, mais je prendrai votre collier pour la tutelle et la légitimité d'Ali Ibn Abi Talib et de Dieu, si vous laissez l'Imam Khamenei tranquille. S'ils construisent une montagne de nos têtes, nous ne laisserons jamais les prochaines générations lire dans le livre d'histoire.Imam Khamenei, comme son ancêtre Hussein (AS), a été laissé seul. Envoyez mes salutations à Hazrat Agha et dites-lui que s'il revient à la vie, je n'hésiterai pas à être mis en pièces sur son passage. Mes dernières volontés et testament Enterre-moi dans la tombe de l'oncle de mon martyr. Et enfin, je vais réduire les ennuis et m'excuser auprès de vous tous.

Martyr Hamid Reza Ansari

Je demande pardon à tous mes amis et connaissances, et j'espère que vous pardonnerez à l'humble serviteur. Dans la prière du soir, j'ai toujours prié pour ceux qui ont été blâmés de ma part, que Dieu me pardonne. Celui qui veut plaire à Dieu, pardonne-moi pour que Dieu dédommage... Les meilleurs jours de ma vie étaient quand j'étais sur le front puis dans les zones opérationnelles. Après cela, j'ai passé le meilleur moment à la mosquée, même si je n'y suis pas parvenu, mais Dieu merci, je n'ai pas économisé d'argent pendant cette période et j'ai toujours pensé au progrès des autres. Dans la mosquée, j'ai toujours essayé de fournir une bonne place forte avec des combattants puissants prêts à défendre la révolution et l'islam, et j'espère que tout le monde pardonnera ses humbles manquements et priera pour moi. Je recommande à tous de prier, de spiritualité, de suivre la vérité, de défendre la révolution islamique et de suivre le Velayat-e-Faqih. Envoyez mes salutations à mon cher chef et dites-lui que quelqu'un était un petit combattant pour vous et qu'il voulait faire quelque chose. Je supplie les êtres chers qui ont réussi le djihad dans la voie de Dieu de se souvenir de moi également dans les scènes de bataille. J'implore mes proches qui comprennent l'avènement et le succès de la rencontre avec l'Imam de l'Âge (psl) de transmettre mes salutations à cet Imam. Je souhaite que Hazrat Rohi Leh Al-Fida offre un Fateha aux personnes des tombes lorsqu'elles passent devant le cimetière. La mort est entre les mains de Dieu, tout le monde va et vient un jour, bienheureux ceux qui se joignent à la miséricorde de la vérité par le martyre dans la voie de Dieu. J'espère que ma femme et mes enfants feront du hijab et de la chasteté la priorité absolue de leur vie et feront la fierté de la religion et du système sacré de la République islamique. Je conseille à mes enfants d'être patients et directs, ce qui est la chasteté et de suivre Hazrat Zahra (PSL), et je leur demande d'écouter l'ordre de leur mère et d'être présent dans toutes les scènes de défense de l'Islam et de la révolution en matière de tutelle. Le plaisir de l'esclavage et de la servitude de Hazrat Roghayeh (PBUH) et Hazrat Zainab (PBUH) est limité. J'espère que ces nobles accepteront ce petit service de ma part. Bien que je sois ici depuis plus de soixante-quinze jours et que je n'aie pas vu ma famille. Mais je sais que beaucoup de gens sont dans une situation pire que moi, et pendant longtemps ils n'ont même pas pu appeler chez eux. Par conséquent, je demande à Dieu de pourvoir à toutes ces forces défendant le sanctuaire de la victoire, si Dieu le veut Dieu, le Miséricordieux, le Pardonneur, Celui qui m'a aidé de toutes les manières, Dieu qui m'a donné le succès dans ma petite servitude. Dieu qui m'a clarifié le chemin. O Dieu, qui as prévu que je sois l'un des moudjahidines sur ton chemin, je te demande de me pardonner mes erreurs et mes fautes et de me traiter avec ta grâce et ta gentillesse. Dieu, il est très agréable pour moi de voir les visages opprimés et innocents de ma famille et de mes proches, mais je sais que l'occasion en or de servir les Ahl al-Bayt (PSL) ne vient pas si facilement. Dieu, je sais qu'un jour ma vie finira et le martyre me manque.Après toi, je veux que tu ne me prennes pas cette bénédiction et je m'envolerai pour la Suite en habits guerriers et sanglants, afin que les martyrs et autres proches qui espèrent que nous aurons honte. Dieu, si tu me prives, qui me pourvoira, alors témoigne que j'en ai grand besoin. Dieu, si tu m'humilies, qui m'aidera, alors aide-moi à être bon sur les traces des soldats défendant le sanctuaire et à être généreux. O Dieu, j'ai murmuré ces phrases de prières Sha'baniya à plusieurs reprises que si vous me prenez pour mon crime, je vous pardonnerai, et si vous me prenez pour mes péchés, je vous prendrai pour le pardon, et dans ce monde je t'appellerai et j'aimais Ahl al-Bayt (PSL), même si je n'étais pas un bon serviteur. Je demande pardon à tous mes amis, connaissances, parents et ceux qui me connaissent, j'espère que vous me pardonnerez pour l'amour de Dieu, j'ai prié pour tout le monde dans mes prières, j'espère que tout le monde me pardonnera. Je m'excuse auprès de ma femme et de mes enfants, j'ai toujours essayé de leur apporter de la nourriture halal, je ne sais pas si j'ai réussi, mais j'ai été très prudent. C'est pourquoi ma famille a beaucoup souffert dans ce chemin tortueux, j'espère que Dieu leur donnera le meilleur. Mes chers enfants, Fatima et Reyhaneh, je vous aime beaucoup et je vous aime, et c'est ennuyeux de ne pas vous voir un jour, mais je ne pourrais pas être devant vous pour que les ennemis d'Ahl al-Bayt (PSL) insulterait le sanctuaire de Hazrat Roghayeh, je ne pourrais pas répondre à l'avenir je me demande pourquoi je n'ai rien fait ces jours-ci. Je pense que l'aide de l'Imam Hussein (AS) revient à défendre le sanctuaire de sa sœur et sa douleur. Par conséquent, je voudrais que vous vous souveniez de moi avec fierté et que vous pleuriez sur les souffrances et les trois années de Karbala. Je me souviendrai toujours de toi et à tes côtés. Rendez-moi heureux avec vos bonnes actions, vos prières et votre hijab.

Martyr Mehdi Samenia

Rad Salutations à Hazrat Imam Zaman (AS) et à l'esprit rayonnant de l'Imam Khomeini (RA) et aux martyrs du début de l'Islam jusqu'à présent et au Guide suprême de la Révolution et commandant en chef de l'Imam Khamenei et à ma famille et mes chers amis au nom de Dieu Salutations à Hazrat Imam Zaman (AS) et à l'esprit rayonnant de l'Imam Khomeini (RA) et aux martyrs du début de l'Islam jusqu'à présent et au Guide suprême de la Révolution et commandant en chef de l'Imam Khamenei et à ma famille et mes chers amis . C'est très agréable pour moi d'être présent et de réussir dans cette terre de l'Imam al-Zaman (psl) et de servir de cette manière sainte, qui a été annoncée comme une déclaration de djihad par le Gardien des musulmans. Dieu sait ce qu'est le destin, mais le devoir et la Shari'a doivent être accomplis, et j'écrirai ces quelques phrases dans différents sujets et les écrirai dans ce Mus'haf. Bonjour mes amis et collègues; Ce qui a été prouvé à cette créature méprisable, c'est que je n'ai rien vu de mieux que d'avoir des amis religieusement honnêtes et qui n'ont rien à voir avec les malheurs qui surviennent entre les individus, les organisations et la société. Nous devrions essayer de bien faire notre travail et comme c'est notre devoir, et essayer de progresser dans notre domaine de travail et être une personne avec d'excellentes connaissances et savoir que nous devrions être utiles en acquérant l'expérience des gens à la préservation de l'Islam. Mes frères, ne vous sous-estimez pas. Le monde et les superpuissances du monde ont peur de nos vêtements verts et de notre nom, et c'est à cause de la foi dans vos cœurs, mes amis. Ne te sous estime pas. Sachez que nous avons un modèle comme Aba Abdullah Al-Hussein (PBUH) et Abu al-Fadl Al-Abbas (PBUH). Nous avons Ali

Akbar et Ali Asghar. Cette famille d'infaillibilité et de pureté nous a donné l'exemple d'un enfant de six mois à un vieil homme comme Habib Ibn Zahir. Sachez donc que continuer le chemin comme ces nobles est le chemin du martyre et atteindre le vrai Dieu. Il est vrai que je parle beaucoup et que je souffre, mais je n'ai pas l'occasion d'écrire sur cette personne méprisable, et ici mon cœur et mon âme ne me donnent pas l'opportunité d'être Karbalaien et de le décrire. Combien de demandes avez-vous ; L'une est la première prière lors de l'ouverture des problèmes. Deuxièmement : la patience. Troisièmement : Souvenez-vous de l'Imam al-Zaman (psl). Enfin, je demande à tous mes amis de me rendre légal. Si à un moment je te blesse le cœur, saute-le. 2- Quelques mots avec des amis chers et des mosquées ; Bonjour, votre présence, nobles. C'est la nuit de l'opération. Tout le monde se prépare de différentes manières, l'un nettoie les armes, l'autre charge les munitions et l'autre est quelque chose que j'ai très peu l'occasion de vous expliquer. "Haj Agha Afshar" Cher ami et enfants de la mosquée et de la base et du bureau de la charité, sachez que vous faites quelque chose de haute sainteté en tant que Beheshtians. Je vous demande, amis, de faire le travail sérieusement et efficacement. Ne pas discriminer. Valoriser les activités culturelles.

Promouvoir les leçons du provincialisme et de la province orbitale. Bien éduquer les jeunes de l'Imam Zaman (AS) et de l'Imam Khamenei pour les jeunes. Ici, à cette heure de la nuit, il est 22h30. Des jeunes purs se sont réunis ici avec la permission et pour se mouiller les lèvres, mais leur temps, qui est une décision du jihad pour la vie de vingt mille chiites dans ce pays, qui est assiégé pour infidélité depuis quatre ans, et Abolfazlvar a défendu l'honneur de Dieu avec un grand zèle jusqu'à aujourd'hui. Sachez qu'après l'opération, la victoire et la victoire sont définitivement pour l'Islam, et le rire s'ouvrira sûrement sur les lèvres de Hazrat Agha, et vous devrez suivre le chemin des martyrs de cette opération, qui ne sont pas les défenseurs du sanctuaire, le les défenseurs de la Révolution islamique et les défenseurs du sanctuaire et de la ville de l'Imam Zaman. Nous devons continuer. Continuer la construction de la mosquée. Ayez confiance en Dieu, allez de l'avant et sachez qu'il doit y avoir des bienfaiteurs et des nobles qui vous aident avec les soins de Dieu. Si vous souhaitez organiser une cérémonie, celle-ci doit prendre la forme d'un mémorial, qui est une sorte d'activité culturelle. Souvenez-vous de nous chaque année au mois de Muharram. s'il vous plait priez pour moi. Bonjour chère épouse; Je sais que vous avez entendu et compris un sujet depuis les chaires et les salles de prière. Un jour, une mère et son enfant ont été giflés dans la ruelle et un fourreau d'épée l'a frappée. Un jour, des gens ont frappé à la porte puis y ont mis le feu. Plus tard, cette femme a défendu et a résisté pour défendre l'Islam et le gardien de son temps, et enfin son mari, et de cette mère est née une fille nommée Zainab (PSL) qui, pour défendre l'Islam, a laissé le Hajj à moitié terminé. et alla à Il partit pour le pays d'adieu à lui-même et à son frère, et la sœur, suivant l'exemple de la mère qui récita le sermon de Fadak, se vanta dans le palais de Yazid que ses piliers tremblaient et qu'elle fut décapitée pour défendre son frère et l'Islam, et devenir un frère et un martyr. Saqqa a vu la plaine de Karbala et ses enfants et neveux, et à cause de ces sacrifices il a fait pour l'Islam, aujourd'hui un groupe de jeunes qui croient et sont liés par la permission des trois honorables- Hazrat Aba Abdullah (PSL) des Yézidis de l'époque (infidèles) pour sauver. Je veux que vous fassiez du modèle comportemental de cette mère et de cette fille dans votre vie, le principe et le titre de votre travail. Afin de faire quoi que ce soit, veuillez considérer la défense de l'Islam et de ses valeurs religieuses et islamiques. Embrasse ma chère « Fatemeh Selma » et dis que ton père a donné sa vie pour toi et que l'existence de cette bénédiction divine dans nos vies a apporté un changement et une bénédiction fondamentaux. Entraînez-le avec modestie et sagesse. Je veux être une personne efficace pour l'Islam et la diffusion des valeurs islamiques. Faites partie de la cérémonie de prière de la mosquée et soyez les personnes qui la parrainent. Ne soyez en aucun cas bouleversé par mon témoignage et ne laissez personne porter de vêtements noirs. Soyez assez fort pour être un poing fort contre toute incrédulité. Si les conditions se présentent, assurez-vous de faire en sorte que « Fatemeh Selma » de Baba soit embrassé par Hazrat Agha, et « Fatemeh Salma » n'a jamais été au sanctuaire des martyrs et Baba doit être emmené.

Martyr Hojjat Asghari Sharbiani

Salut, Salutations à tous mes êtres chers, y compris ma chère famille et le peuple pieux et religieux de la République islamique d'Iran. AS) et l'Imam Khomeini le Grand ont été formés et remis au monde islamique afin que nous puissions être un soldat pour l'Islam et les buts de l'Islam et le propriétaire de l'âge (psl) et son adjoint Imam Khamenei (mémoire de Dieu). Maintenant que j'écris ce testament, je crois en l'unicité de Dieu (Azujal) et en la prophétie du sceau des prophètes Muhammad Mustafa (PSL) et en la tutelle incontestable d'Amir al-Mu'minin Haidar Safdar Asadullah Al-Ghalib Ali Ibn Abi Talib (PSL) et ses purs descendants. J'ai la réserve divine de Hazrat Mahdi (psl) et mes âmes à Fadak, et c'est l'un des honneurs d'être un amoureux de 24 purs innocents. Que le Jour de la Résurrection soit réuni avec eux, Amen. Le martyre de l'homme est d'atteindre la source de lumière et d'approcher l'existence absolue. Le témoignage de l'amour du charpentier bien-aimé est dans la plus belle des formes. Dans les mots du Saint Prophète de l'Islam (PSL) « Ashraf Alamut, le meurtre du martyre » qui est le type de mort le plus honorable et dans les mots de l'Imam

Ali (AS) « Akram Alamut le meurtre » qui considère le martyre comme le plus type de mort chéri et cette phrase me vient toujours à l'esprit. Si nous ne devenons pas des martyrs, nous devons mourir. Alors quoi de mieux et de plus haute mort que le martyre, qui est le moment le plus proche du charpentier et le moyen le plus rapide de rencontrer Dieu. "O Dieu tout-puissant, la réussite du martyre dans ta moustache" Nous sommes sur un chemin que l'on peut dire être hors de la patrie ou loin de la patrie, mais ma conviction est que la religion de l'Islam n'a pas de limites et la religion est au-delà des pays et des patries, et si quelqu'un croit en Dieu Tout-

Puissant, le djihad doit être relancé pour faire revivre sa religion. Ralentir et enjoindre ce qui est bien et interdire ce qui est mal. Le Saint Prophète (PSL) a dit : « Quiconque entend la voix d'un musulman et ne l'aide pas n'est pas un musulman, et comment pouvons-nous prétendre que les musulmans du monde entier sacrifient des musulmans pour leurs mauvais objectifs et pensées, et nous pouvons se coucher facilement en paix ?" Si un enfant ou une femme syrienne, irakienne, yéménite ou palestinienne ne dort pas la nuit dans ses yeux et comment peut-on se prétendre chiite et amoureux des Ahl al-Bayt (AS) dans l'histoire de retirer Khalkhal des pieds d'une femme juive que l'Imam Ali (AS) Ce numéro disait : Si un musulman meurt de ce chagrin, il n'y a pas de problème pour lui ! Comment peut-on être indifférent à cette question si dans les pays islamiques les femmes yézidies et les musulmanes et chrétiennes d'Irak sont vendues dans des cages sur les marchés de Mossoul comme des esclaves ! Et nous ne sommes pas attristés par ces événements amers que nous n'ayons aucune fièvre, et encore moins envie de mourir ! J'aimerais qu'on pense un peu les uns aux autres et qu'on se mette un instant à la place de leurs frères et pères. Pouvons-nous vraiment tolérer une telle chose !?Vous qui dites que combattre dans un autre pays est une mauvaise chose à savoir, l'Imam Hussein (AS) a vécu à Médine mais a été martyrisé en Irak et à Karbala. L'imam Hussein (AS) s'est levé pour faire revivre la religion de son ancêtre et pour commander ce qui est bien et interdire ce qui est mal, et c'est un témoignage pour nous de voir comment l'histoire se répète et comment les Yézidis ont pris le contrôle des affaires et comment le visage de l'islam sioniste et de l'idéologie takfiri, qui est un mélange d'idéologie juive, est déformé et plein d'atrocités en introduisant l'islam et en le présentant au monde. . Tous les affranchis et amoureux d'Aba Abdullah

(AS) ont le devoir de marcher sur cette voie et de préparer le terrain pour l'émergence du vengeur. Qu'il était beau pour Khomeiny le Grand de dire que la route de Qods passe par Karbala, et cette phrase devient de plus en plus évidente chaque année lorsque les quarante drapeaux du Corps Khorasan nous rappellent ce point lumineux de l'Imam. Je demande à mes frères et sœurs religieux d'être obéissants à la direction et de savoir que c'est une évidence jusqu'à l'arrivée du vengeur d'Hussein (AS). Frères et sœurs, écoutez l'ordre du Guide suprême que la parole du Guide suprême est la parole de l'Imam al-Zaman (psl) et ne laissez pas la parole du gardien de la terre rester. En période de sédition, écoutez les ordres du guide suprême et obéissez aux ordres de votre gardien.Ne laissez pas les ennemis diviser les groupes ethniques, y compris les Turcs, les Lors, les Arabes, les Baloutches, les Kurdes, etc., et les religions. Méfiez-vous de la conspiration de l'ennemi et évitez les querelles chiites et sunnites et voyez-vous avec les yeux d'un compatriote. L'Iran islamique doit maintenir sa solidarité et son empathie sous la bannière du Guide suprême afin de ne pas nuire au pays. Toute personne ou individu ou groupe qui agit contre Velayat-e-Faqih ou a l'intention d'affaiblir Velayat-e-Faqih et le Guide Suprême agira sans aucun doute contre Sahib al-Zaman (as) parce qu'il a dévié du droit chemin. arrivera et il sera fier à la fin des temps, et il est clair comme le jour que les gens qui n'acceptent pas le Guide Suprême ne le connaîtront pas et ne l'accepteront pas à l'ère de l'avènement de l'Imam de l'Âge. Dans l'ère actuelle, qui est l'oppresseur et l'opprimé ? Mon chef Seyyed Ali a dit : « Notre discours est de défendre les opprimés et de combattre l'oppresseur. Nous défendons et soutenons les opprimés autant que nous le pouvons, et il est de notre devoir de le meilleur de nos capacités. Le monde a été opprimé et l'apparence glamour a trompé le peuple, et les oppresseurs et les pharaons de l'époque mettent en œuvre leurs idées sinistres en divisant et en rétrécissant les pays et en corrompant les nations et en les conduisant à la prostitution. Comment pouvons-nous rester silencieux face à l'oppression ? ! Combien de temps?! Comment peut-on voir que les pharaons et les yézidis battent des femmes et des enfants innocents et sans défense et tuent des innocents ! Et devrait-il simplement être un spectateur ou un miracle de Dieu ? Qu'en est-il du devoir humain ?

Martyr Alireza Nouri

Au nom de Dieu, la clé est d'aimer Dieu et de lui faire confiance. J'aime celui qui est miséricordieux et compatissant, et je commence mon travail en m'appuyant sur lui, dont le nom est cause de miséricorde. Au nom de Dieu, le souvenir de Dieu signifie que Dieu, je ne t'ai pas oublié. Au nom de Dieu, il exprime ma motivation, c'est-à-dire Dieu, mon but c'est toi, pas les gens, pas l'hérésie, pas les manifestations, pas la luxure et... Dieu, sois conscient de la grandeur des choses que j'ai données pour que la petitesse des choses que je n'ai pas ne trouble pas ma paix... Que la paix et les bénédictions soient sur le Prophète Muhammad (PSL), le Messager de la bonté et de la grâce, et sur leur noble fille Zahra Marzieh, et sur les douze lumières saintes que j'ai médiatisées dans ma vie afin que je ne me perde pas, et tout J'ai dans la vie c'est à travers ces nobles. Et salutations à Zeinab Kobra (PSL), la grande dame de l'Islam et la sœur de l'Imamat et la manifestation de courage et de patience... Et salutations au grand chef de la Révolution islamique, l'imam Khomeini, et au grand gouverneur de l'imam Khamenei. Et mes salutations à mes chers père et mère, à qui je suis toujours redevable, pour leur gentillesse, leur pardon et leur pardon. Mes chers parents, vous êtes l'une des plus grandes bénédictions divines que le Dieu Tout-Puissant m'ait données. Je vous embrasse toujours les mains et les pieds et vous demande pardon. Peut-être que je ne pourrais pas compenser un coin de ton amour dans la vie. Je vous demande de me pardonner. Et mes salutations à ma gentille épouse dévouée et altruiste, qui doit tout ce que j'ai dans ma vie à vos sacrifices et efforts immédiats et sincères. Et que la paix soit sur mon cher fils Ali Akbar, ô ma seule relique, ma très chère, depuis le jour où Dieu t'a donné à nous, nos vies ont pris une couleur et une odeur différentes. Toi et ta mère étiez l'un des plus grands atouts de ma vie. Respectez beaucoup votre mère dans votre vie, qui est l'une des femmes pures et grandes de l'époque, et demandez à votre mère de prier pour vous tout ce que vous voulez. J'ai beaucoup de choses à te dire, mais le temps et le lieu ne me permettent pas de t'écrire, sache juste que je t'aime très, très fort. Dans votre vie, soyez toujours un guide et un partisan d'un leader dont l'extension est la tutelle de Hazrat Mahdi Imam Asr (as) et dont le commandement est le commandement de la tutelle et le commandement de Dieu... Et salutations à mes chers frères et sœurs, j'espère que vous serez toujours fiers et couronnés de succès, et que vous comptez toujours sur Dieu dans la vie, et ne désespérez pas, et respectez toujours vos parents, ce qui est la fin du bien dans ce monde et le ci-après, de respecter vos parents. Et que la paix soit sur mes amis et collègues et tous ceux qui ont été gentils avec moi dans la vie et qui m'ont accompagné dans ces jours de vie et ne m'ont pas laissé sans leur grâce. Priez toujours pour moi et ne m'oubliez pas, et soyez toujours un partisan du Guide suprême et de Velayat-e-Faqih, et ne doutez pas de leurs instructions, et acceptez-les de tout votre cœur. Je demande désespérément à tous ceux qui ont été opprimés dans ce monde, ou leur ont fait du mal de quelque manière que ce soit, ou ont calomnié ou absent quelqu'un, ou se sont moqués de quelqu'un avec mes paroles, ou m'ont offensé d'une manière ou d'une autre, que ceci Pardonne aux humbles, qui est le pardon des grands. Et si je dois à quelqu'un dans ce monde, il devrait aller voir ma femme et accepter sa demande et me pardonner. Et à la fin, si mon corps revient, enterrez-moi dans le jardin fleuri des martyrs de Najafabad et venez autant que vous le pouvez sur ma tombe et demandez mon pardon. La fin des ténèbres est l'ouverture à la lumière et l'atteinte de la lumière, et le passage est l'obscurité.

Le martyr Ali Asghar Shirdel

Après avoir salué et respecté le service de M. Imam Zaman (as), je voudrais offrir quelques points pour le service de ma chère famille : Compte tenu de la situation actuelle et du début de la guerre dans les terres qui revêtent une importance particulière pour nous chiites en termes de sainteté, et par peur du manque de respect et de la destruction de ces lieux saints par les ennemis de l'Islam, j'ai décidé d'assister à ces des lieux pour pratiquer la religion, quoique insignifiant.Et permettez-moi de faire de petites actions afin que je n'aie pas honte de la famille du Prophète (PSL) dans ce monde et dans l'au-delà. Et si je suis digne, j'accomplirai le slogan de Kalna Abbasak ou Zainab, et j'espère atteindre ce mérite dans ce monde et dans l'au-delà selon leur opinion. Et je dois vous rappeler que ce choix a été fait entièrement par la raison et basé sur mes croyances religieuses, et qu'aucune autre personne ou facteur n'a été impliqué dans ma décision. Mes chers parents ; Je dois tout ce que j'ai gagné dans le monde spirituellement et épistémologiquement à votre subsistance légitime et à votre éducation islamique, très chers, et je sais que je ne pourrai jamais, même pas un instant, vous récompenser pour vos efforts. Je vous remercie du fond du cœur et je vous demande désespérément de me pardonner et de connaître mes erreurs et négligences par ignorance et ignorance et même lorsque je ne suis pas parmi vous, ne me privez pas de vos nombreuses bonnes prières. En fait, quand je ne suis pas avec vous, j'ai plus qu'avant besoin de vos bonnes prières. Mes chères sœurs, rendez-moi aussi légale et rappelez-vous toujours que j'ai besoin de vos bonnes prières, très chers. Ma chère mère, mon père et mes sœurs; Ne me blâmez jamais pour une personne ou un organe ou une organisation, et aidez-moi patiemment dans le chemin que j'ai choisi, et comme je l'ai mentionné ci-dessus, ce choix est basé sur un sens du devoir et de la dévotion envers la famille du Messager de Dieu. Soyez toujours patient à tout moment et atteignez la paix du cœur et de l'âme avec le souvenir, le nom et le souvenir de Dieu, et chaque fois que le champ est très étroit pour vous, rappelez-vous toujours les choses que La Yum Kayumak Yaaba Abdullah (AS), toujours Ashura et ses événements Rappelez-vous. Alors vous verrez qu'il n'y a pas de jour comme Achoura et qu'aucune souffrance n'est plus élevée que la souffrance d'Achoura. Alors pleure et pleure d'une manière normale et raisonnable. Ne vous blessez pas en pleurant et en criant, ce qui non seulement ne me calme pas mais blesse également mon âme. Ne rendez pas heureux les ennemis de l'Islam en pleurant de manière excessive et déraisonnable. Comme je l'ai dit, faites de Hazrat Zainab (sa) votre modèle. Chère femme; Au cours de notre vie ensemble, nous avons traversé de nombreux hauts et bas ensemble. Dès le départ, notre objectif était de construire une vie ensemble. Durant toutes les années de ma vie j'ai essayé de te donner mon amour de tout mon être, mais tu sais que les êtres humains parfaits ne sont que des innocents. Au cours de ce voyage, j'ai eu beaucoup de manquements à votre égard, je vous demande désespérément de me rendre légitime et veillez à toujours prier pour moi. Quant à mon cher fils Amir Ali Jan ; Vous pouvez lire cet article des années plus tard, mais vous êtes maintenant assez vieux pour le lire. Sache que tout mon être c'est toi. Je comprendrai vos actions, votre comportement et vos sentiments même lorsque je ne suis pas avec vous. Mon cher fils, je te conseille d'effectuer trois actions selon l'ordre du Guide Suprême. Faites toujours de l'éducation, de la civilisation et du sport la priorité absolue de vos affaires tout au long de votre vie, et renforcez les trois en même temps. Faites de votre mieux. Portez une attention particulière aux Infaillibles (AS), en particulier à l'Imam Hussein (AS), ne vous considérez jamais en dehors de la présence de M. Imam Zaman (AS), apportez-lui toutes vos pétitions et gloires et sachez que jusqu'à ce que Si vous ne bougez pas, la bénédiction ne coulera pas. La prière, le jeûne et la prière à leur place, mais les actions ci-dessus ne seront efficaces que lorsque vous entrez sur le terrain. En ce qui concerne l'éducation, essayez d'obtenir les meilleures notes (dans votre domaine d'intérêt) et choisissez un travail lié à l'éducation, qui est la meilleure science qui accompagne la pratique. C'est le bien de ce monde et de l'au-delà. En ce qui concerne le sport, veillez à bien apprendre un sport, en particulier la natation, dans lequel la santé du corps est constante en faisant du sport, et l'Islam a également une vision particulière de la natation. Ne manque jamais de respect à ta mère. Faites ses ordres et ne vous considérez plus comme son enfant. La clé du succès est la persévérance, l'effort et la persévérance. Persévérez dans les questions ci-dessus afin que vous puissiez voir le résultat après de nombreuses années. Comme je l'ai dit, même si je ne suis pas avec vous, je comprends vos actions, votre comportement et vos sentiments. Mon fils, souviens-toi toujours de moi et ne me prive pas de la prière de bonté. Ma chère famille (père, mère, sœurs, épouse et fils); Je vous invite à être encore patient et je vous demande de m'aider patiemment dans le chemin que j'ai choisi. Avec ta patience tu calmeras mon âme. Mon noble père ; Veuillez demander pardon à mes collègues, amis et parents pour moi et si vous avez une religion, pratiquez-la en mon nom. Demander pardon et légitimité auprès de mes collègues. Chères sœurs; Vous devriez aussi demander pardon à vos conjoints et à votre famille pour moi, et si vous avez une religion, la transmettre à mon père afin qu'il puisse la pratiquer. Chère femme; Vous devriez aussi me demander pardon dans votre famille et demander pardon et pardon, et si vous avez une religion, transférez-la à mon père afin qu'il puisse l'accomplir en mon nom.

Référence

1-Volonté des martyrs

2-Le livre de guerre est mauvais, Hossein Ahmadi

3- La guerre dans le miroir de l'histoire, Reza Akbari

Printed by Books on Demand GmbH, Norderstedt / Germany